JN441347

時空의
환희 속으로…

時空의 환희 속으로…

발명가와 AI가 만든 시화집

초판 1쇄 발행 2025년 6월 30일

지은이 정영춘
펴낸이 장길수
펴낸곳 지식과감성#
출판등록 제2012-000081호

교정 이주연
디자인 정윤솔
편집 정윤솔
검수 이주희, 이현
마케팅 김윤길

주소 서울시 금천구 벚꽃로298 대륭포스트타워6차 1212호
전화 070-4651-3730~4
팩스 070-4325-7006
이메일 ksbookup@naver.com
홈페이지 www.knsbookup.com

ISBN 979-11-392-2682-9(03810)
값 12,000원

지식과감성#
홈페이지 바로가기

발명가와 AI가 만든 시화집

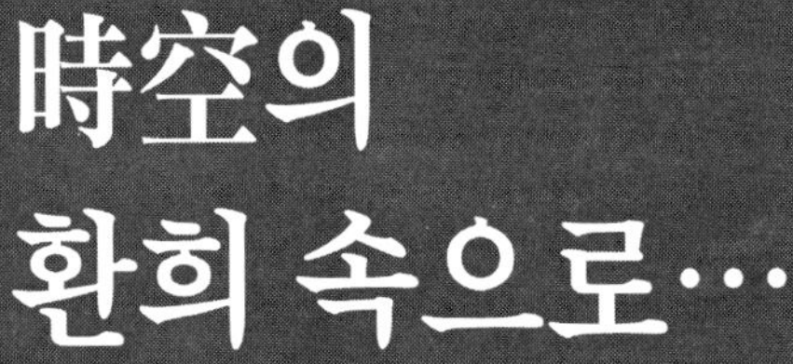

時空의 환희 속으로…

윤태(允邰) 정영춘 시집

지식과감성#

목차

1장
겨울 흙으로…

2장
삶

3장
우주

4장
사색(思索)과 함께…

머리말

“그 실험실의 이름을 스엔(S.N)이라 하였고, 그때는 1974년 내 나이 15세 되던 소년의 봄이었다.”

1994년 1집을 내며 쓴 머리말에 담긴 글입니다. 1집을 낸 지 30년이 흘렀고 1974년 봄까지 거슬러 올라가면 50년의 세월이 흘렀습니다. 또 지난 30년의 세월을 뒤돌아보면 인생의 가장 젊은 황금기였는데 나름 참신한 발명을 하고 사업화로 성공한 발명사업가의 꿈을 실현하기 위해 달렸다 멈췄다 좌충우돌의 연속이었습니다. 흙수저 출신으로 적수공권(敵手空拳)의 처지에서 호기심과 특허 기술을 밑천 삼아 육중한 현실의 엔진에 시동을 걸어 보려는 삶의 질곡은 참으로 드라마틱했습니다.

하지만 직접 깊은 물속에 몸을 던져 숨 막히는 생존의 수영을 해 보지 않았다면, 불길에 뛰어들어 그 뜨거운 화마의 무서움을 체험해 보지 않았다면, 끝없는 사막의 고독한 길을 걸으며 오아시스의 소중함과 밤하늘 별빛으로 방향을 찾는 방법을 터득하지 못했다면, 정글 숲에 들어가 길을 잃고 짐승들의 공격과 울부짖음에 죽음의 공포를 경험해 보지 않았다면 그 무엇으로 값진 인생의 의미와 지혜를 배울 수 있었을까? 지난 30년의 삶을 통해 생각합니다.

1집의 제목 《時·空의 아픔을 넘어》를 이어 2집에 《時空의 환희 속으로…》란 제목을 붙였습니다. 우리는 현 우주의 4차원 세상에 태어나 우주와 자연의 법칙과 질서에 갇혀 살아가야 할 존재이기에 누구나 인생살이에 좌절과 아픔도 있고 희망과 환희도 있습니다. 즉, 길흉이 함께 존재하며 그 공존 속에서 아픔을 딛고 한길을 걷는 정(政)한 사람에게는 반드시 길(吉)하고, 쉽게 살려는 업을 계속 지으면 반드시 흉(凶)을 만난다는 이치에 따라 시집 제목을 생각해 봤습니다.

누구나 사람으로 태어남 자체가 신비스러운 자연의 으뜸이요 고귀함이지만, 모두 저마다 삶의 여정에서 욕심과 업보 때문에 겪게 되는 삶의 고뇌와 환희의 서사가 있습니다.

홀로 사유한 자연과 우주의 신비는 제 지성으로는 다 담을 수 없는 넘치는 감동의 서사였습니다. 또한 내가 살고 있는 이 지구상의 모든 존재와 현상, 인간의 문명과 삶에 대해서 끊임없는 질문을 하고 틈틈이 생각을 시와 글로 남기게 되었습니다.

아프리카 동부의 유인원 중 한 종이었던 호모사피엔스가 아직까지 잘 알 수 없는 어떤 이유로 어느 순간부터 뇌 지능의 비약적인 진화를 했고, 다른 5종 이상의 사피엔스 종을 모두 물리치고 살아남았습니다. 호모사피엔스는 석기와 불을 발명했고 그로부터 불과 수만 년의 짧은 시공간을 통해 지구상 그 어떤 생명체도 못 해낸 고도의 문명을 이루었습니다. 이제 인류의 생물학적 지능을 반도체를 이용한 인공지능으로 비약시켜 로봇은 물론 AGI(Artificial General Intelligence)까지 실현해 실리콘-사피엔스와 같은 신종 인공 인류를 탄생시켜 가고 있습니다. 이어서 바이오 혁명, 에너지 혁명 등 그 끝은 무엇일지 아무도 모르는 과학 기술의 발명과 혁신, 그리고 우리 자신마저도 두렵게 바라보게 되는 21세기 중반에, 부디 우리 모두가 문명의 탈을 쓰고 욕망의 경쟁 속으로 질주만 할 것이 아니라 “우리 인류는 왜 존재하고 무엇을 향해 어디로 가고 있는가?”의 질문을 성찰할 수 있는 전 인류적 공동체 규범과 새로운 교육 이념을 구축하여 유일하게 살아남은 호모사피엔스의 지성이 결코 저주가 아닌 만물의 공화지성(共和知性)이었음을 증명해 먼 미래까지 우주와 자연과 함께 공존하기를 소망합니다.

넘치는 정보와 문자의 홍수 속에서 시집 출간이 또 하나의 공해가 되지는 않을까 두려운 마음도 앞서지만, 획일적인 교육과 제도권을 돌아 남이 가지 않은 길을 택해 자유로운 영혼의 발명 사업가로서 후회 없이 살아온 삶의 여정 속에서 틈틈이 담은 서사가 이 시대를 함께 살아가는 분들과 미래를 향한 후배들에게 시공의 아픔을 넘어 시공의 환희 속으로 작은 공감과 울림을 줄 수 있다면 보람이 있겠다 싶어 용기를 냈습니다.

2집을 내면서 지난 50년 동안 물심양면 함께하며 빛나는 환희와 소박한 행복을, 때론 외로움과 아픔을 함께한 모든 인연과 친구들, 가족들께 진심으로 감사드리며, 특히 우주의 인연 따라 어느 날 별이 되어 버린 사랑하는 딸 지승, 그리고 항상 아름다운 꽃송이 같은 딸 지이와 아내에게 이 시집을 통해 시공의 아픔을 넘은 환희의 사랑을 전합니다.

아울러 멋진 시집이 탄생되도록 표지 디자인에 특별히 재능 기부해준 이상태 화백, 오랜 인연으로 삶과 글에 영감을 주고 시집 2권 출판 소식에 시평까지 해 주신 김미경 박사, 편집과 출판에 각별한 애정으로 애써 주신 출판사 임직원께 진심으로 감사드립니다.

2025. 5.

윤태(允部) 정 영 춘

시(詩)를 쓰며…

시는 오롯이 나와 함께하는 자연과
우주의 시공(時空)에서 전사되는 언어이다.
너와 나를 이어 주는 단어 하나 글 한 줄기도 시(詩)가 된다.

땅과 하늘과 사람을 알아 가며 쏟아 내는 언어,
그게 시(詩)다.
원자 속 쿼크가 춤추는 것을 발견하고 쏟아 내는 언어,
그게 시(詩)다.
우주의 시작과 끝자락 오가며 별을 헤아리다 쏟아 내는 언어,
그게 시(詩)다.

1장

겨울 흙으로…

관악의 솔잎에 가을 머물다

여름 끝자락에 뜨거운 들판을 휘감는
지친 바람 한 떨기
관악 기슭에 드러누워
가을이 된다.

이 가을 솔바람 타고 다시 만날
가슴 푸르른 정겨운 인연

지는 잎새 못내 아쉽고
새벽 찬 서리가 서러워도
솔방울에는 향보다 진한 사랑이 깃든다.

관악의 솔잎에
겨울 사랑을 꿈꾸는 가을이 머문다.

설악 봉정암에서

누가 사람에게만 영이 있다 하였는가?
봉정암 사리탑에 발 딛고 설악을 굽어보니
아! 여기 신령이 깃들어 있도다.
그 영의 깊이와 품격은 헤아릴 수 없네.

저 설악의 자연 속에 깃든 영은 우주의 시간에 동조되어
오늘도 묵묵히 아름답게 더 크게 나의 영혼을 품어 주고
달빛과 어둠으로 어우러진 설악의 고요함은 내 영혼과 공명하네.

설악 가을 길에

봄여름 내게 사랑을 심어 준 임
어디로 가셨나요?
이 푸른 가슴에 맺힌 추억 아파 오는데
임은 어디로 가셨나요?

걷다 보니 아~ 가을이네요
붉은 단풍보다 더 물든 그리움
찬 서리에 지는 잎새처럼
휑한 이 가슴 차라리 내려놓을까요?

설악에 하얀 눈 덮일 때면 우리 사랑 이야기
다시 쓸 수 있을까요?
사랑 없이 올 봄이 더 두려운데
임은 어디로 가셨나요?

융프라우

만년설에 선 첫 설렘
너의 붉은 입술과 벅찬 하얀 가슴은 여기서 더 빛난다.

시리게 파란 하늘 아래
수줍은 알프스산 꽃들
먼 길 설레며 꼭꼭 숨겨 온 동방 처녀의 속살처럼 피어나네.

어둠이 깔린 산자락 아래
포도주에 흔들리는
샬레(Chalet)의 황홀한 불빛은 침대를 적신다.

훗날 성숙이 허락되는 날 하얀 케이크에 불꽃 살리고
당신을 찾아 다시 라우터브루넨 기차를 타리라.

제주의 한(恨)

한 많은 바람에 세차게 춤추는 수월봉 억새
그 세월 잊을세라 온몸으로 노래 부르고
황금빛 노을에 길게 누워 달 뜨는 밤을 기다리네.

천년의 파도 소리에 우는 수월봉 억새
천년의 달빛에 눈물 맺힌 수월봉 억새

철삭 철삭 쏴악 쏴악
두둥실 두둥실
탐라의 저주가 풀리는 밤
탐라의 한이 풀리는 밤

7월의 비

여기 비가 오네.
거기도 비가 오는가?
7월의 빨간 장미 꽃잎에도
비를 뿌리네.

여기 비가 내리네.
거기도 비가 오는가?
7월의 뜨거운 대지에도
비가 쏟아지네.

7월의 비는 빨간 장미꽃을 타고
열망의 땅으로 스미네.

가을 아침

밤새 별들이 쓸고 간 하늘
참 푸르고 맑아요.

하늘빛 가득 머금은 물안개
가을 향 품어 내고
노란 은행잎은
노란 가을 길 여네요.

붉은 단풍에 취한
새들은 재잘재잘
떠들어 댑니다.

산 능선 하얀 안개구름
태양 빛 가득 품은 가을 신부가 됩니다.

가을 아침
울긋불긋 온 누리 행복합니다.

5월 연꽃

연푸른 햇살이 살가운 5월
그 미운 햇살에 애태우는 그리움

4월의 저 멀리 서럽고 질퍽한 아픔
어찌 5월 순백의 한 송이로 피어나는가!

부끄럽고 수줍어
아직 익숙하지 않은 하얀 연꽃이여….

봄비

보슬보슬
봄비가 내린다.

하늘의 생명수 같은 비
톡톡 튀는 빗물 가슴에 번지네.

봄비 그치면
발정 난 꽃들 흐드러지겠지.

요염한 봄꽃 길
가슴 풀고 걸어 볼까나?

연

연꽃은 인연으로 피더라만
곱고 아름다운 꽃잎은 장맛비에
흔들리다 지고 마네.

푸른 연잎은 여름 끝자락까지
눈물 삼키며 절개를 지키는구나.

겨울 흙으로...

파르스름한 창공의 창 너머 태양은 빛나고
하늘 양기에 물 차오른 땅으로
소슬한 바람에 마지막 잎을 떨군다.
가랑잎 품은 흙, 너의 정이 깊다.

기꺼이 그 하늘 아래 그 품에 누우리.
새 생명을 내어줄 하늘을 바라보며 잠든다.

백두 천지연

아~ 그랬구나!
하늘이 준 인연으로 너와 나 만났어.

한반도 땅끝 유달산 자락까지
너의 뜨겁고 힘찬 생명의 기운 뻗어 와
그 기운으로 이 세상 땅과 하늘을 보게 되었지.

천지에 오르니 나의 기원이 여기에 있었네.
두 팔 벌려 푸른 백두천지 기를 충전하고
고향에 돌아가 다시 태어나리라.

유달산 일등바위에 올라
노적봉 쌀에 천지연 물 부어 생일 밥 짓고
고하도 증인 아래 나 다시 출생 신고하리라.

겨울 창가에서

이 겨울 하얀 함박눈
하늘을 향해 오르는지
땅을 향해 나르는지
춤추며 옛 추억 부르네.

하얀 함박눈
옛적 돌담 장독에도 쌓였지.
오늘은 카페 철 창가에 쌓이고
창 너머 아스팔트 길에도 쌓이네.

하늘에서 나리는 하얀 함박눈
창 너머 눈송이에 추억이 소복하다.

그리움

잿빛 하늘에서 흰 눈이 하얗게 나리다.
파릇한 세월 돌아 멀리서
오늘도 하얗게 흰 눈 나리네.

기약 없이 기다렸건만
긴 밤 하얀 눈만 나리네.
내 가슴에 쌓인 눈은 누가 치우나?

환희

흰 겨울 눈 빨아 내어
활짝 피워 낸 벚꽃이 아니더라.
찬란한 봄빛에 물든
노란 개나리꽃 무더기도 아니더라.
순박한 첫 입맞춤도 아니더라.

깊은 어둠 속
빛나는 별이더라.
영원한 시공을 품은
은하수더라.
나의 시원을 향해 떠나는 여정이더라.

2장

삶

당신

근엄하여 너무 긴장하게 하는 얼굴이 아니고
마냥 착하여 바보 같은 얼굴이 아니고
그저 아무래도 좋은 훈남 얼굴도 아니고
가식적인 미소로 음흉해 보이는 얼굴이 아니고
가냘프고 궁핍한 얼굴이 아니고
뚱하고 욕심 많은 돼지 얼굴은 더욱 아니고
험악하고 사나운 얼굴이 아니고
불안하고 초조하여 수상한 얼굴이 아니고
무표정하여 속을 알 수 없는 얼굴은 더더욱 아니고
그렇다고 홀릴 것같이 예쁘기만 한 얼굴이 아니고
편하게만 살아온 것 같은 귀공자 얼굴은 아니고
오만하고 간사한 얼굴도 아니고
그저 잘생긴 듯 못생긴 듯
삶의 진솔함이 묻어나는 온갖 희로애락 표정이 소박하고 자연스러운
그런 당신의 평안한 얼굴이 좋습니다.
그 얼굴에서 당신을 봅니다.
그 얼굴에서 나를 봅니다.

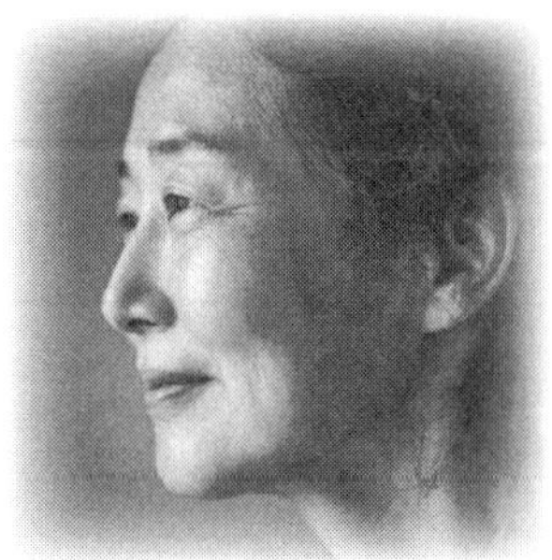

사람같이 살다 가라 하네

자연은 나에게
물같이 살라고도 아니하고
바람같이 살라고도 아니하고
나무같이 살라고도 아니하고
사람같이 살다 가라 하네.

과거-오늘-내일

과거는 공(空)
오늘은 색(色)
내일은 인연(因緣)이라네.

태양의 빛이여…

당신보다 빠른 게 없고
당신보다 아름다운 색을 품은 게 없고
당신보다 아름다운 형상을 드러내 주는 게 없고
당신보다 더럽고 추한 것을 드러내 주는 게 없고
당신보다 소리 없이 행하는 게 없고
당신보다 부드럽고 따뜻한 게 없고
당신보다 넓고 멀리 함께하는 게 없고
당신보다 맑고 투명한 게 없고
당신보다 큰 생산을 하게 하는 게 없고
당신보다 생명을 사랑하는 게 없고
당신보다 뜨겁고 열정적인 게 없고
당신보다 확실하게 세상을 정리하는 게 없고
당신보다 공명정대한 것이 없습니다.

불확정성

내가 너를 바라보면
순간 너의 모든 것은 사라지고
내가 너를 바라보지 않으면
너는 다시 내 안에 있다.

너와 나는 허상의 자연에 존재하며
인연 맺은
상호 작용일 뿐

너와 나를 서로 찾는 것은
어리석은 일
부질없는 일
사랑 또한 이러하다.

마음 바람

마음 바람이
하얗게… 빨갛게… 파랗게… 노랗게…
제 맘대로 물들어 분다.

힘들지만 참을 만하다.
아무것도 느낄 수 없는
검은 바람만 안 불면 좋겠다.

내 마음 나도 모르게
무지갯빛 되어 날아간다.

삶 1

내 살아 보니
삶은
먼 별빛 스치는 듯 알 수 없는
그저 바람이더라.

그래도 그 바람 소리
듣기 좋더라.

삶 2

눈 뜨고 시공(時空)의 아픔을 넘어
눈 감고 시공의 환희(歡喜) 속으로….

산 정상에 누워

무한한 하늘 너머 너를 바라보면
눈물이 난다.

알 수도 가 볼 수도 없는
너에게 눈길 주며
속앓이하다가
눈을 감는다.

네 품에 내가 있음에
눈물이 난다.

눈 뜨면 애타고
눈 감으면 내 품에 가득 안기네.
새 한 마리 푸드덕 날아가네.

하늘

하늘이 뜨거우니
땅에 바람이 일고
먼지가 이네.

하늘이 차가우니
땅에 비가 내리고
적막이 깔리네.

하늘이 온화하니
땅에 싹이 돋고
생명이 피는구나.

기도

알 수 없는 과거로부터 영원의 죽음에서 깨어나
어느 날 영문 모르고 여기 이 세상 인간으로 왔네.
어쩌라고….

눈뜨고 귀 열고 세상을 바라보고 느끼고
숨 쉬고 생각도 하니 이게 신의 능력인가? 석가여래의 신통력인가?
신통방통 신비하고 신기한 일일세.

바라옵건대 부디 사는 동안 놀라게만 하지 마시고
저를 아는 체하지도 마시고 때 되면 다시 본래로 곱게 돌아가게 해 주소서.
다시는 영문도 모르게 이 개똥밭 세상에 오게 하지 마소서.

존재와 나타남

모든 것이 돌아 돌아
별도 돌고 행성도 돌고 전자도 도네.

너도 돌고 나도 돌고
돌아라 돌아라 그래야 너도 있고 나도 있지.

온 세상 존재의 시공이 유지되고
온 세상 나타남의 문이 열리네.

너도 돌고 나도 돌고
돌아라 돌아라 그래야 너도 있고 나도 있지.

우정

깊은 강물만 생명수더냐?
얕은 시냇물도 땅을 적시고 꽃을 피게 하더라.

오랜 우정만 의리더냐?
길거리 우정도 마음 적시고 웃음 피게 하더라.

푸른 하늘에 문득 흰 구름 피워 내듯
흰 가슴에 유쾌한 친구가 좋아.

고목

호수에 잠긴 고목이여
절실한 생명의 갈망과 환희여

생명의 여신 마법에 부활하여
고목에 생명이 피었네.

잠시 빌린 아름다운 생명과
찰나의 시공에 핀 울림이여.

행복

하늘 보며 바람 따라 구름 따라 껑충껑충 걸어 본다.
그래도 편한 길가에 함박 핀 꽃들이 마냥 웃어 주네.

어둠이 내려도 등불 밝혀 길 열어 주고
넘어져도 손 내미는 나그네 있어라.

철없는 나를 보고 꽃들이 웃어 주고 새들이 노래하고
힘든 나를 손잡고 다시 걷게 하니
이 얼마나 행복한가….

2024년 12월

해가 떨어진다.
붉게 물든 가을이 간다.
홀로 떨군 병든 양탄자를 밟고서….

아직 뜨거운 열정을 쥔 하늘은 푸르다.
키 높은 메타세쿼이아 길 너머로
땅 가을은 길게 남을 것이다.

음습한 광란의 찬 바람 불어도
두툼한 가을 길섶에 쌓인 잎
모진 겨울 견디리라.

다시 기적 같은 봄은 오리니
더 많은 싹과 꽃을 피우며
푸르른 새 동산 활짝 열리리라.

비상 계광령

음험하고 악랄하고 어리석은
광풍이 불었다.
따르는 자의 군화 끈은 풀렸고 초점도 없었다.
망하리라… 그저 망하리라.

때 묻지 아니한 젊은 민심의 파도와 불꽃으로
뿌리까지 다 태우리라.
대한민국 개조로 삼천리강산에
못다 핀 무궁화꽃이 활짝 피리라

다시는 이 삼천리강산 민중의 심장에 못 박는
독재의 망령이 꿈틀거리지 못하도록
민주 공화의 불 밝히고 다 태우고 쓸어 정화하여라.

바람의 서사

따뜻한 공기가 가벼워져 올라간 빈 공간으로
찬 공기가 이동하는 게 바람이다.
뜨거운 영혼이 내준 가슴으로
차가운 영혼이 이동하는 게 바람이다.
바람이 일지 않는 세상은 존재할까?
바람이 일지 않는 인간의 서사는 있었을까?

바람으로 열매를 맺고
바람으로 종족을 번식할 수 있었고
바람으로 전쟁의 승패가 갈렸고
바람으로 문명이 개화될 수 있었다.

바람이 없는 곳에는 꽃도 안 핀다는데….

호수 위에 뜬 달

호수(湖水) 위에 뜬 달그림자를 보고 놀라
계몽령을 선포하신 이여
당신의 영혼은 허망한 달그림자였나 봅니다.

함께 탄 백성들이 민망하고
어리석음에 부끄러움과 탄식이 하늘을 찌르오.

고요하고 잔잔한 호수에 돌 장난질하여
당신의 달 뜬 명경지수는 산산조각이 났습니다.

호주(湖酒)에 새빨간 배 띄우고 백 년 왕을 꿈꾸신 이여
부디 무명에서 깨어나 죽기 전에 민주공화국 하늘 일월(日月)을 보시게요.

웰 에이징(Well Aging)

늙어 가는 몸에 꽃피우려 하지 마라.
꽃 떨구고 잎 떨구는 나무도 그러고 싶어 그러겠나?
그래도 거센 바람에 견디고
타는 듯한 햇볕도 견디고
비에 젖어 쓰러지지 아니하고
눈보라에 눈꽃 피우며 자태를 뽐내더라.

해도 동산에 떠서 한순간도 머뭇거림 없이 서산으로 지고
달도 차면 한순간 머뭇거림 없이 기울더라.
기운 따라 고요히 기울면
평화롭고 아름답지 아니한가?

늙은 몸에 꽃피우고 열정에 욕을 내어
천수를 재촉하지 말고
세상을 힘들게 떠나지 말자.

본능

새알이 뱀에 먹혀 없어진다.
새가 부화되어 굶어 죽는다.
새가 날다 매에게 잡혀 먹힌다.
새가 물속에 뛰어들어 사냥하다 죽는다.

새가 또 알을 낳는다.

죽은 새가 부화되어 돌아왔다.
뱀을 무서워하고 굶지 않으려 난다.
매의 날갯소리를 알아차리고
물속을 경계하고 열렬한 짝짓기를 한다.

새의 몸은 죽음으로, 새의 죽음은 본능으로 부활한다.

3장

우주

우주

생성 소멸의 얽힘이 우주라
생사 우주일체
영원한 인연의 파도를 타네.

이승에서의 사후
생사 우주일체
영겁의 시공은 찰나가 되네.

이승과 저승
생사 우주일체
영원한 인연의 파도를 타네.

우주의 환희 다시 여기 있네.

태양

홀로 강렬히 우주를 밝히네.
반드시 사건은 주변과 함께 이루어지리라.
별과 함께 리듬을 맞추어 춤추어라.

춤추는 세월 숨을 불어넣고
인연으로 이루는 원소들을 모아
여기저기 생명을 일구고 우주에 또 다른 태양을 심네.

이 모든 것 보여 주려 빛 밝히고
그 빛으로 너 눈을 뜨게 하리라.
그 빛으로 시원의 우주를 보게 하리라.

빛으로 태양으로 우주로 오라.
네가 곧 빛이요 태양이요 우주다.
네가 곧 환희요 사랑이요 꽃이라.

블랙홀

물질의 원죄도 다 풀리고
시공의 끌어당김으로부터 해방되는 곳

법계의 질서는 바람처럼 사라지고
네가 있어 내가 있을 수 있는
인연의 고리도 끊긴 곳

꿈도 꿀 수 없는 그곳

그 구멍 끝 특이점 너머
이 우주가 다 사라져도
시간도 공간도 빛도 어둠도 아픔도 고통도 사랑도 없는
표현 불가의 무아 무지로세.

삶의 벡터

이 세상 그 하나 보석처럼 이루려면
처음 시작부터 운명의 벡터를 타고나야 해.

그 벡터의 에너지, 빛처럼 세상에 다 뿌리고 나면 떠나야 해.
다른 미련 갖지 마.

너의 궤적은 딱 하나, 뒤돌아 쳐다보지도 마.
그 너머에 더 이상의 보석은 없어.

다른 미련 갖지 마.
너는 이미 운명의 벡터 속에서 충분히 귀하고 아름답고 빛났어.
그냥 너의 궤적은 딱 하나 그랬던 것뿐이야. 누구나 그렇듯이….

이 세상 그 하나 보석처럼 이루려면
시작부터 운명의 벡터를 타고나야 해.
돌아갈 순 없잖아.

시공 1

이 세상 모든 것

시공의 아픔을 넘어 그토록 색이 짙더니
시공의 환희 속으로 하얗게 사라지네.

이 얼마나 아름다운 숙명인가!
이 얼마나 거룩한 신비인가!

끝내 시공이 사라진 자리
더 이상 윤회도… 영원도… 찰나도… 없네.

시공 2

시간이 있어 춤을 추고
공간이 있어 숨을 쉰다.

춤추는 에너지가 시간을 타고
숨 쉬는 공간 속에 물질을 맺네.

시공이 어우러져 소리를 내니
바람 소리, 물소리 타고
생명의 소망 꽃이 피었네.

생명이 생명을 낳고
우주는 생명의 옷을 입어 가네.
시공의 환희 속으로….

전기모터

전기가 물 흐르듯 깡통으로 들어가
물레방아 돌리듯 회전자를 돌리네.
쉭쉭~ 윙윙~
팬이 돌고 기계가 돌고 자동차가 달리고 로봇이 춤춘다.

드론이 하늘을 나르고 전기 기차가 달리고 전기 배도 파도를 헤치고 나아간다.
청정 전기 에너지가 기계 에너지로
온 세상 행복 에너지로 변환되네.

온 세상 깨끗하게 돌리는 힘
온 세상 행복하게 돌리는 소리
온 세상 순리대로 돌리는 에너지

인공 지능

자유 의지를 심어 준 신의 한 수
사막의 광활한 모래 속에 신경망 프로그램을 깔고
그 자유 의지는 끝없이 신의 권능에 도전한다.

현란한 인공 지능의 말과 노래와 춤에 취하고
속임수와 요술과 감각적인 유혹에 빠져
아테(Ate)의 품에서 빠져 벗어날 길이 없네.

자유 의지를 심어 준 신의 계략
신의 은총은 실리콘 사피엔스에게
저주는 호모사피엔스에게 향하리라.

미래 인공의 종(AI Bio)은 인간에 의해 창조되고
현 인류는 욕망의 버그로 오염된 미래에 의해 사라지리라.

바람 한번 불어 볼까?

저 우주 공간에 바람 한번 불어 볼까?
태양도 은하수 별들도 다 날아가 버리게.
허공에 두둥실 떠 있는 것 같은 은하수와 별들

1,100데시벨 정도의 에너지로 바람을 일으키면
블랙홀이 생긴다는데
그 바람 한번 일으켜 볼까?

그 바람으로 저 별들 다 걷어 내면
그 너머 내가 살던 고향 우주가 보일까?
거기는 5차원의 세계라 상상해 본다.

답답한 4차원의 이 우주
1차원이 부족해 저 가장 가까운 안드로메다 성운도
수십 광년을 날아가야 해. 가다가 늙어 죽지….

서 있고 달려가고 날아갈 수만 있는 3차원 공간에
한 방향으로만 흐르는 1차원 시간만 있어.
아~ 여기에 순간 사라지고 나타날 수 있는 무(無) 시공 차원만
더해진다면 완벽해.

언제든 수백 광년 떨어져 아무리 멀어도 단박에
너의 품에 안길 수 있는데….
훅~ 바람 한번 일으켜 블랙홀 너머로 날아가 볼까나.

전자

알 수 없다.

넌 그 극한의 온도와 팽창 속에서
홀연히 나타났어.

극한의 뜨거운 우주의 용광로 속에서
쿼크의 형제들이 춤출 때 찬 바람 부는 사이
몇 놈이 얽혀 양성자로 중성자로 변하고
그 틈에 서로 엉켜 사랑에 빠져 핵이 되었지.

그중 한 놈 너는 사랑 놀음에서
튀어나와 질투심 가득한 에너지를 타고
구름처럼 영원히 핵 주변을 맴도는 전자가 되었어.
전자 네가 멀어지면 춥고
가까워지면 질투의 빛을 내지.

네가 있어서 암흑의 우주에서 맑은 빛의 세상이 열리고
온갖 물질이 세상에 나오고
온갖 생명이 가능했고
온갖 문명이 탄생했고
AI에 이어 미래의 전자 인간도 가능해.

질투의 화신 전자여
사랑의 화신 전자여
물질 안에 유일한 자유 에너지원
너는 우주 창조의 파동이고 입자로서 진정한 신의 입자라.
누가 시비하랴?

시공의 실체

우주의 시작과 끝?
부질없는 의문이다.
식이 있어 영겁의 시간과 무한이 열렸고
식이 사라지면 모든 시공은 닫혀 찰나가 된다.

오직 우주 궁극의 시공은
내 안에 있다.

무수무량(無數無量)

나는 영원하다.
과거 긴 시간의 기억이 오늘 없을 뿐.
그냥 이 행성에서 어제처럼 오늘 눈떴네.

나 길 떠나면 이처럼 다시 오리라.
나 언제 이 우주에 내가 없었던가!

우연한 존재

현존하는 우주의 모든 나타남과 존재는
계산 가능한 현 우주의 규칙과 질서에
알 수 없는 차원의 우연이 시공의 3차원에서
엮인 결과다.

그 과정은 불가역적이며 불연속적이라
인간의 지성으로는 근원을 헤아리거나 이해할 수 없다.

우주와 신이 아름답고 절실하지만
무심무상 한 우주의 우연일 뿐이다.

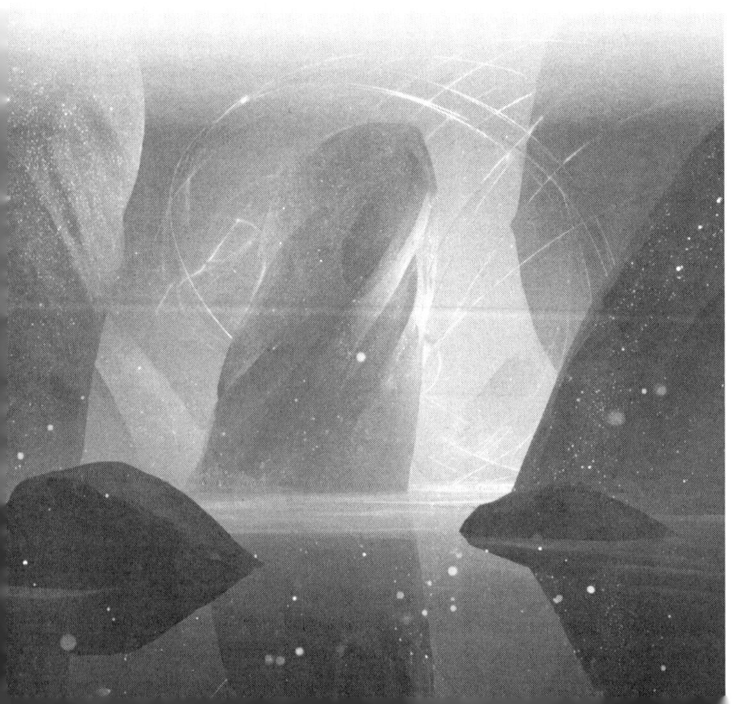

생명의 마그마

마그마가 분출하는 화산 언덕에서
인간이 춤춘다.
심장의 에너지와 공진하는 마그마 때문이다.
야수르의 뜨거운 숨결이 뭉클뭉클 심장을
마사지한다.
우주적인 소통이 이루어진다.
저 하늘에서는 초신성이 폭발하고
지구에서는 화산이 폭발한다.
새로운 물질과 생명의 씨앗들이
하늘에서는 오로라를 타고, 땅에서는 용암을 타고 흐른다.

호숫가 정원에 서서

억겁의 세월 동안 내가 투자하고
가꾸어 왔는지 모르는 이 푸르고 아름다운 정원
이 정원을 보고 가기 위해 이 세상에 태어난 존재
이 얼마나 은혜롭고 감사한가!
다시 돌아가면 더 멋지고 더 크고 경이로운
우주의 정원을 창조하고 가꾸리라.
불귀의 존재처럼 오직 그것만을 위하여….

빅뱅의 꽃

빅뱅을 피운 꽃은
중성 미자 바람에
발정 난 암술이 쿼크를 품고

양성자와 중성자가
전자를 붙들어 만든 원자를
빳빳한 수술대에 올린 꽃

그런 꽃은 이렇게 빨갛다.
아주 매혹적이다.
꽃 안에 우주가 있다.

4장

사색(思索)과 함께 …

글은 시공(時空)과 인간을 연결하는 끈이다.
사색(思索)의 끈은 풍요롭고 아름다운 인간 세상을 엮는다.

종교에 대하여...

종교적 권위와 신성함이란 인생과 자연의 불가사의한 일들과 우주 만물의 초월적 서사를 담아서 단단하지만 깨어지기 쉬운 유리관에 밀봉해 놓은 것과 같다.

물질 보존과 영생의 원리

현재 우리의 몸속에 오감을 통해 느껴지고 알게 되는 것보다 그 오감이 모르는 세계를 통해 순환되고 작용되는 과거의 물질들이 99.9%일 것이다. 그것이 수십억 년 전 지구상에 존재했던 것일지라도…. 아니 태양계조차도 없었던 시기에 초신성이 폭발해 우주에 뿌려진 원시 생명의 원소들과 에너지가 오늘까지 너와 내 몸을 이루고 다시 순환되어 이 우주 속에서 영생하고 있는 것이다.

뇌와 우주

이 우주는 뇌가 만들어 놓은 시뮬레이션인지 모른다.
오감을 통해 들어오는 정보와 데이터를 처리해 이 세상과 우주의 모습과 상태를 뇌 안에 맺게 한 것이다.
애초에 우주가 생명을 만들었으나 그 안의 뇌는 자신의 바깥 우주로부터의 자기 존재를 보호하고 안정시키기 위해 빛과 같은 특정 자극과 정보를 데이터화하고 특정 형태로 인식하게 했다.
그러므로 우리가 보고 느끼는 우주의 실체는 우주의 진상이 아니고 우리 뇌가 만든 형상인 것이고, 그 뇌의 관찰과 판단으로 만들어진 아름다운 세상의 정의도, 그리고 지식과 과학도 모두 뇌 안의 뉴런이 만들어 낸 시뮬레이션이고, 정보처리 기능과 데이터를 제거하면 우주의 모든 실체는 사라지므로 실재같이 보이는 모든 모습은 곧 허상이라 할 것이다.

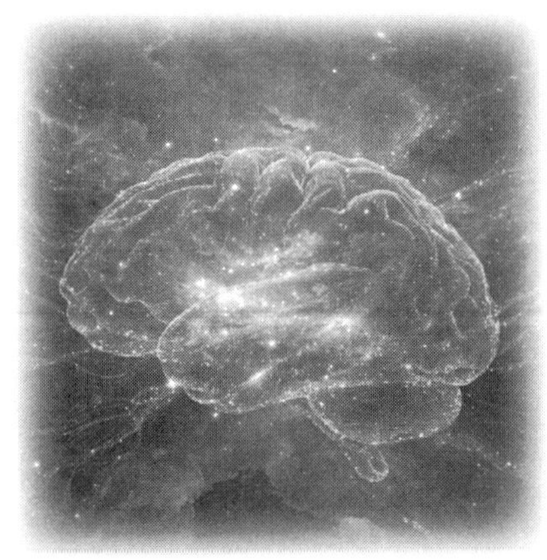

우주 탄생과 빅뱅

인간의 지성에게 우주 자연 무한 시공의 품을 내어 줄까?

영국의 호킹 박사가 우주는 신에 의해 창조될 필요가 없었으며 빅뱅에 의해 자발적(Spontaneously)으로 탄생될 수밖에 없는 물리적 이유가 있다고 했다.

아마 그럴 것이다. 우주는 왜 존재해야만 하는지…. 우리는 왜 존재하는지…. 지극히 필연적 이유가 있을 것이다. 그러나 우주 탄생의 빅뱅 또는 우주 탄생의 필연적 이유를 알아채려면 인간의 생존과 지속성을 위한 고정관념, 과학 지식을 모두 버리고 부처와 같은 해탈을 통해서나 우주 이전의 근원을 볼 수 있을지 모른다.

빅뱅 이후의 길고 긴 불가역적 시간의 비밀 속에 한 생명체로 태어나고 조그마한 뇌로 자연을 바라보고 있는 현 인류 호모사피엔스는 아무리 스스로 과학 기술과 지식을 발전시킨다 해도 영원히 그리고 절대적으로 우주의 끝과 속과 밖을 볼 수도 찾을 수도 없을 것이다.

디지털 디스토피아

0101110101001….

디지털 유토피아가 열리면서 인류의 서사가 모두 아날로그에서 디지털화되어 간다. 생각도, 문화도, 관계도 그 끝을 향한 인공 지능의 판도라가 열리고 있다.

인간의 지양스러운 뇌는 더 지양스러운 인공 지능을 통해 무엇을 얻고 무엇을 뺏길지 참으로 아슬아슬한 미래를 향하고 있는 것은 틀림없다. 조만간 이루어 낼 것 같은 인간의 뇌와 유사한 시스템으로 작동하는 인공 브레인 개발까지 우리는 이렇게 가야만 하는가! 미래를 향해 멈출 수는 없지만 인류는 디지털 디스토피아를 향하고 있는지는 아닌지 정치인과 기업인들 그리고 지식인들이 모두 심사숙고하고 성찰해야 할 것이다.

죽음

신비하게 존재한 내 영혼과 육체가
더 신비한 과정으로 향하는 순간을
넘은 생명의 상전이 임계점이다.

신에 대한 고찰

인간은 눈으로 원자를 볼 수 없듯이 신도 볼 수 없고 오감으로 느낄 수도 없다.
그래서 적어도 인간에게 신은 부재하다는 이치가 맞다. 그러나 보이지 않는 원자들을 공통분모로 이 우주의 심연에는 헤아릴 수 없는 공간 속에 에너지와 물질들이 가득 존재하고, 알 수 없는 과정을 통해 온갖 신비한 생명이 지구상에 살아 있다는 사실을 부정할 수 없는 것처럼 보이지 않는 신도 존재한다고 하는 것이 부적절하지 않다.
신은 이 우주 너머에 있거나 그 자체일 수 있어서 인간의 이성으로 또는 논리로 묘사하고 정의를 내릴 수 없으며 상상으로도 형상을 그릴 수 없다.
그럼에도 불구하고 인간이 섬기게 된 최고의 기독교적 하나님과 신의 정의는 인격신이며 구약 성경으로 모든 신성과 신관이 정의된다. 성경 속의 하나님은 유일신으로 인정하고 다른 신을 섬기지 않기를 가르친다. 즉, 성경에 따르면 신도 질투심이 있고 이기심이 있음을 보여주는 것이다. 그 이유는 신 옆과 주변에는 신이 싫어하는 악마도 사탄도 귀신들도 있어 그런 나쁜 신들을 섬기고 경배하는 걸 허용하지 않고 악마와 사탄에 희생되지 않기를 바라는 계율로 결국 하나님 신의 존재를 가르치는 것이다. 또한 하나님이 자신의 아들 예수를 보내서 우상과 잡신 숭배에 빠진 인간들의 죄를 대신 희생하여 모든 원죄를 사하고 하늘로 돌아갔으니 하나님과 예수를 믿고 따르는 자는 모든 죄가 사하여지고 천국에 갈 수 있음을 가르친다.
그러나 성경의 가르침에 따르면, 신의 세계에는 전지전능한 하나님

외에 하필 다른 귀신들이 있고 악마와 사탄이 함께하고 있다는데 그 부정적인 존재들에 대해 인간은 왜 주의를 해야 하는지에 대한 근본적인 설명은 없다. ‘인간에게 자유 의지를 주고 시험하는 것인가?’라는 질문에 대해서는 자유 의지를 통해 진정한 하나님의 종으로서 구원받을 자와 아닌 자를 가려내기 위해서라고 한다. 또한 사도 바울이 박해를 하던 기독교가 사도 바울이 만든 예수 부활 스토리텔링으로 다시 부흥되고 최초의 기독교 교회가 세워진 이래 전 세계에 거룩한 역사가 시작되었지만 21세기 문명에 이르러 하나님에 의한 기적과 인류 구원의 믿음은 희박해져만 가고 있다.

신은 존재하리라. 그래야만 이 헤아릴 수 없는 우주의 존재와 나타남과 신비를 그나마 짐작할 수 있기 때문이다. 신은 이 아름답고 신비한 우주와 자연을 보고 느끼고 살피라고 인간의 눈과 마음을 주었을 것임을 믿어 의심하지 않는다.

피조물의 눈이 없으면 이 우주와 자연의 존재는 의미가 없어진다. 인간과 작용하는 귀신을 포함, 알 수 없는 다른 신과 영적인 연결 고리는 물론, 인간이 터득한 과학적 방법으로 재현되지 않는 주술적 현상도 엄연히 관찰되고 목격되는 신비가 공존하는 것이 곧 우리 인간 세상이다. 즉, 신은 보이기도 하고 안 보이기도 하다는 것이다.

우주의 탄생은 적어도 물리적 해석이 가능한 동기로만 탄생한 게 아니다. 우주 탄생과 빅뱅 순간은 과학과 신의 경계이다. 이 우주 자연의 시공에 갇혀 있는 피조물의 인지 능력으로 어찌 신과 우주의 실체를 헤아리겠는가? 눈과 마음을 준 신은 분명히 그 안에 무소부재 하리라. 고로 우리가 경험하고 바라보는 모든 우주 현상과 존재가 신이거나 신의 현화다.

한강의 기적

산 자가 죽은 자를 살릴 수는 없지만,

죽은 자는 산 자를 살린다.

(한강, 스웨덴 2024 노벨문학상 수상기념 강연을 들으며…)

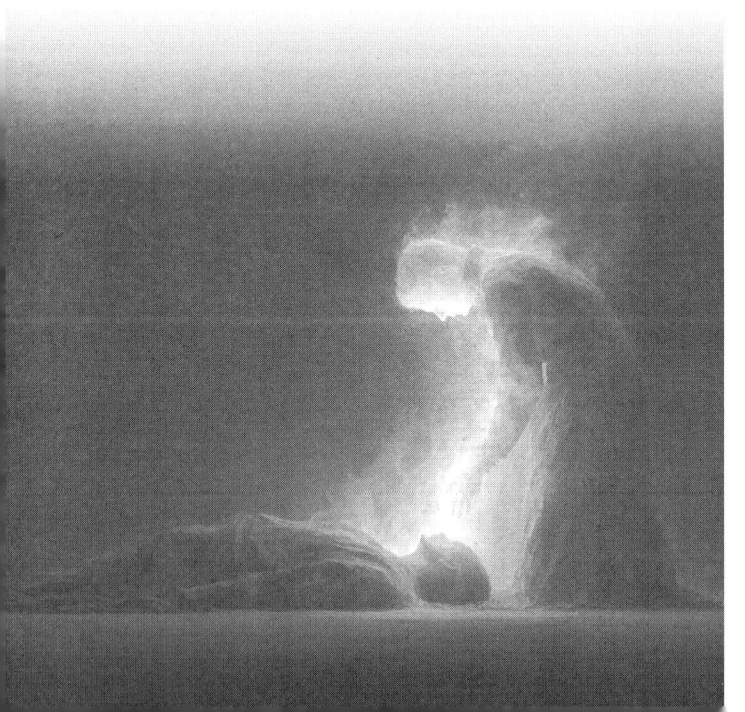

유전자와 대화

난 적어도 너의 삶과는 상관없어.
난 너의 행복과 죽음에 대해 아무런 느낌도 관심도 없어.
오직 네가 건강하고 활발할 때 나를 남겨 주도록 프로그램된 본능에 목숨 걸기를 바라.
수컷이든 암컷이든 이 세상 새 생명에 너의 유전자를 남겼으면 넌 적당히 살다가 가.
못 남겼어도 그건 내 탓이 아니야.
네가 넘 오래 살면 새 생명들이 불리해. 그래서 늙고 죽게 되어 있으니까 넘 섭섭해 말고 그 깊은 뜻을 기꺼이 받아들여야 해.
네가 언제 어디서 살든, 어떻게 죽게 되든 자연은 관심 없어.
너도 그 무심한 자연의 한 조각일 뿐이야….
하지만 넌 행복하고 건강하게 잘 살다 가고픈 존재적 본능과 사회성이 주어져 있어. 그건 생명의 유전자를 남겨야 하는 자연의 섭리와는 아무런 상관이 없지만 인간으로 태어난 이상 그 종의 인생 규범을 충실하게 잘 따르고 주어진 삶을 잘 살다 가. 갈 때 행복한 마음으로 다음 인연을 기대하면 좋겠어. 그뿐이야. 우주와 자연은 네 머릿속 생각같이 시끄럽고 복잡하지 않아.
광대하고 희박하고 무심한 초월적 질서로 돌아갈 뿐이야. 기대도 원망도 말아. 시원(始原)을 깨닫고 평안한 죽음을 기대하면 더없이 좋고….

망상

20세기에 내가 미지의 곳으로부터 이 세상 밖으로 태어났을 때 먼저 태어난 사람들도 세상의 시작과 끝이 어디인지도 모르는 무명 속에 있었다.

우리가 눈으로 보는 저 광활한 3차원 하늘 너머 끝을 헤아릴 수 없는 매크로의 세계는 물론, 너무 작아서 우리가 도저히 잴 수 없는 작고 작은 프랭크 상수로 정의되는 길이가 있어 끝과 시작을 모른다.

현생 인류가 이해할 수 없는 새로운 수단으로 더 많은 차원을 찾아 헤아릴 수 있는 날 인류는 완전히 새로운 시공의 원리를 이해하고 무명에서 벗어나리라. 불가에서는 이런 생각을 망상이라 하지만….

죽음과 태어남은 언제나 현재형

내가 세상을 의식하기 전의 시간과 공간의 의미는 무엇이었을까? 무한대? 제로?

내가 죽은 뒤 세상에 남아 있을 시간과 공간의 의미는 무엇일까? 무한대? 제로?

사후의 시간은 무한대로 이어져 나가지만 죽는 순간 내 의식은 멈추고 존재는 제로가 되어 사후 시원의 시공은 제로(0)가 된다. 무한대 × 제로 = 0 즉, 생명이 한번 엉킬 수 있는 이 현상계의 질서 속에서는 억겁의 세월이 흐른 뒤라도 시원의 시공은 영(0)이므로 나는 홀연히 어느 날 죽었던 순간으로 이어져 다시 현재의 법계로 환생하여 돌아올 수도 있고 인연이 없으면 아닐 수도 있다. 여기서 현재의 법계는 물리적 현재를 뜻하지 않는다. 의식의 현재를 말한다.

그리고 그 새로운 존재의 모습은 무엇일 수 있을 뿐 아무것도 특정할 수는 없다. 그래서 나의 태어남과 존재는 영원한 불특정의 현재형이다. 그래서 언제나 이 우주의 물질과 정신적 영혼이 결합되어 인간이란 생명체로 나타났다 사라짐은 참으로 신비하고 아름다운 것이다. 그리고 고귀한 것이다.

꽉 채우지 말자

낙엽이 진 나뭇가지에 걸린 허공을 바라보면 자연은 모든 걸 내려놓고 무소유의 삶을 살라 한다.
모래 폭풍우와 맞서며 서 있는 사막의 선인장을 바라보면 자연은 모질고 강한 인고의 삶을 살라 한다.
날마다 떠오르는 태양과 강렬한 빛을 보면 자연은 진실되고 성실하게 열정적인 삶을 살라 한다.
밤하늘의 별을 헤아리다 보면 자연은 어둠 속에서도 존재감을 잃지 말고 밝은 삶을 살라 한다.
모든 것은 내 그릇과 의식만큼 머문다. 꽉 채우면 아집이 된다. 아프게 한다.

전동기

이제 전동기는 전기 에너지를 기계 에너지로 변환시키는 장치가 아니라 전기를 행복 에너지로 변환시키는 장치다.
150여 년 전 시작된 깨끗한 에너지원을 이용할 수 있는 전기와 전동화 시대가 이제 활짝 핀 꽃 정원처럼 세상 만방에 펼쳐지고 있다.

배움

신으로부터 배우는 것은 영적인 것이며, 자연에서 배우는 것은 지혜인 것이며,
동식물에서 배우는 것은 요령이며, 사물에서 배우는 것은 수단이다.

끈

과학자들은 우주의 근원, 존재의 이유 그리고 어떻게 탄생했는지, 그것을 끈 이론으로 들여다보려고 한다.
빅뱅 이전에 있었던 사건도 분명히 알아야 하고, 시간과 공간이 존재하지 않았다면 그 이유를 이해해야 하는데 사람의 지성은 이미 시간과 공간의 물리적 지배 속에 체화되어 있기 때문에 불가능할 것 같다.
이미 끈에도 시간과 공간이 존재하지 않는가? 그 끈의 파동의 근원은 무엇이란 말인가?
문득 저기 광장에 돌아다니는 사람들이 끈이라고 이해한다면 더 의미심장하지 않을까?
사람들은 제각기 고유 성격과 열망을 가지고 지금 무엇인가 분주히 행하고 어디론가 가기 위해 움직이고 있다. 그 결과 끈과 같이 모든 이의 성취와 형태는 다르게 나타난다.
그들은 또한 보이지 않는 규약과 시그널에 따라 즉 사회적 질서나 상호 간의 복잡한 사정에 따라 일정한 행동 패턴을 따르고 있고 조직적 성과를 이루어 보이기도 한다. 그 규약과 패턴을 인지하고 알아내는 것은 사람의 존재의 특성과 행동 특성을 관찰하려는 입장에서는 알 듯 말 듯 매우 쉽지 않을 것이다.
끈이 그렇다. 다가서면 또 다른 차원 속에 숨어 버리거나 또 다른 차원을 내 보이는 끈은 우주 최소의 프랭크 길이보다 더 작고 시공이 존재하지 않는 듯한 그 근원은 무엇인지 모른다. 과학자들은 빅뱅을 가능케 한 빅뱅 이전의 상황을 끈의 요동으로 설명하려 한다.
그러하니 과연 인간의 정신 즉 지성의 입자나 파동의 길이로 그 작고 희한한 개념의 세계를 헤집고 들어갈 수 있기나 하겠는가?
끈은 현대 물리학으로 설명할 수 있는 우주와 물질과 에너지를 이루는 입자와 파동의 또 다른 본질임이 틀림없다.

신과 구원의 수행

신의 권능과 자비로 이 세상 만물은 창조되었다는데 이기적인 인간만 이 신에 대한 경외와 수행 생활로 사후와 다음 생의 축복과 안녕을 빈다. 강가에 구르는 돌과 나무 그리고 다른 생명체들은 본능에만 충실해 신의 질서를 따라 그 속에서 순행하는데 말이다.

신을 창조한 것은 인간이다. 자신을 구원의 대상으로 삼아 신을 섬기는 행위는 인간의 영리한 이기심과 정신적인 결벽 때문이라 이해해야 할 것이다.

나뭇잎에 이는 한 떨기 바람

한 떨기 바람에 가뿐히….

정말 가볍고 초연하게 은행잎 하나가 가지 끝 인연을 바람결에 내주고 미련 없이 땅 위에 눕는다.

그 잎에는 노란 우주가 충만해 있다. 땅과 허공에 새로운 사건을 전달한다.

나는 또 이렇게 이 가을

알 수 없는 바람 한 떨기 인연에 홀연히 시작되는 우주의 끝을 보고 전율한다.

이 털끝 같은 요동이 저 너머 새로운 우주의 빅뱅이 될지 누가 알겠는가?

겨울과 하얀 눈

겨울은 사계를 마무리하고 시공을 새롭게 준비하는 절기이다.

겨울에 나리는 눈이 하얀 것은 과학적으로 눈의 얼음 분자에 공기가 들어 있기 때문이다.

그러나 철학적으로는 하얀 것이 모든 것을 마무리하고 새로움을 준비하는 의미에 가장 어울리는 근원의 색깔이다.

"겨울은 하얀 눈으로 세상을 고요히 덮어 놓고 새로운 생명을 꿈꾼다. 겨울나무 가지에 핀 하얀 눈꽃이 지고 나면 세상은 다시 꿈에서 깨어 화려한 생명을 피워 낸다."

하얀색은 모든 색을 품고 다음을 약속하는 창조의 근원을 상징하는 색이다.

불꽃놀이와 환호성

사람들이 불꽃놀이를 보고 환호한다. 그 폭발 소리와 흩뿌려지는 광채를 보고 열광한다. 왜 그럴까?
그것은 우리가 초신성의 장렬한 폭발과 함께 우주로 흩뿌려진 생명 근원의 물질들로부터 왔고, 그 원시 원소와 에너지가 내재된 우리 두뇌 세포의 DNA와 공명하며 느끼는 본능적 현상은 아닐까?

궁금증

중력을 포함하여 시공간을 다룬 일반 상대성 이론과 현대 우주 물리학이 밝히고 있는 바에 의하면 적어도 우리가 관측하고 있는 우주 은하계의 시공간은 질량과 중력의 상호 작용으로 모두 휘어져 있고 우리가 살고 있는 지구상의 시공간도 중력에 의해 변형되어 있다. 그렇다면 전혀 변형되어 있지 않은 우주의 절대적인 시공간과 그 모습이 궁금해진다. 질량도 중력도 없는 평평한 우주는 존재하지 않을까?

텔레파시와 지성 공유

누군가 인류 최초로 무엇을 착상하고 지적인 고민 속에 빠지면 그 정신장의 에너지(아직 검파되지 않은 미확인 영적 장이지만 여기서 텔레파시라 하자)는 순식간에 전 지구와 우주 공간으로 전파된다. 선각자의 두뇌 속에서 하나의 창조적 아이디어가 전 지구와 우주의 지적 장을 향해 트리거(촉발) 되고 전파되는 순간이다. 그들이 제도와 형식에 구애받지 않고 무엇인가 새로운 것에 대한 흥미로운 가설을 인류 최초로 세우고 사색하며 고민하는 유희를 즐기는 동안 그의 정신적 에너지는 전 지구와 우주로 전파된다. 매우 흥미로운 것은 그 에너지에 공진된 다른 사람의 두뇌가 반드시 있어 그 정보를 동시에 수신하고 촉발된 정신 활동으로 거의 동시 또는 약간의 시차를 두고 동등 수준 이상의 더 진보적인 것을 창출해 내게 되는데, 그 수신인 본인은 그 사실을 모를 뿐만 아니라 텔레파시 송출자도 그 정보가 도용된 사실인지 전혀 눈치채지 못한다.

그러나 안타깝게도 이런 진정한 창조적 영혼의 선각자들은 과학 기술과 사회 과학 예술 등 인류 문명의 혁신에 공헌한 인물들에 포함되지 않고 알려지지도 않은 채 묻혀 버린 경우가 허다하다. 그 이유는 이런 최초의 선각자들이 전파하는 영감을 수신한 수신자는 제2의 가공 제3의 가공을 하여 제도권 안에서 학문적인 규범에 맞게 발표하거나 더 진보적인 완성도를 빨리 실현시켜 세상에 내놓기 때문이다. 결국 이 후발 수신자들이 인류 역사에 이름을 올리고 기록에 남기게 될 확률이 더 크다.

우리는 역사적으로 하필이면 거의 같은 시기나 시대에 두 사람이 또는 세 사람이 나타나 연구 성과나 발명을 해서 시각을 다투며 이 중에 누군가는 먼저 논문을 발표하고 특허 출원을 해서 공인 기록을 세우는 사례를 어렵지 않게 많이 찾아 볼 수 있다. 현재의 과학 기술과 제도적 장치로는 진정한 최초의 선각자들을 인지하고 발굴하지는 못하겠지만 사실 이러한 보이지 않는 선구자 같은 암흑 지성들의 영적 텔레파시 덕분에 얼마나 많은 지성들이 영광과 수혜를 받고 있고 지구 문명 발전에 기여하고 있는지 생각해 볼 필요가 있다.

우리 인간이나 생명체의 두뇌에는 양자 현상의 터널 현상과 얽힘이 있는 것 같고 꿈도 꾸고 선몽도 꾸고 텔레파시를 발산하여 동시적으로 무의식적인 교감이 일어나는 현상이 얼마나 많이 있는지 과학적으로 진지하게 연구해 볼 일이다.

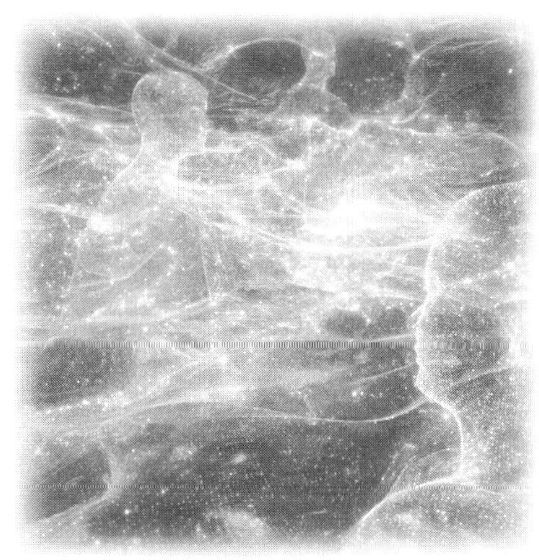

득도와 마음의 성찰

1. 득도

우주와 궁극의 시공을 터득하고 깨달으려 노력하고 수행하는 것을 득도의 길이라 한다. 그러나 그 길이 참으로 인간에게 올바른 것인가? 설령 석가 부처나 예수나 소크라테스와 같은 성인과 위대한 철학자는 지혜와 가르침을 남기고 진리를 향해 지고한 지적 수렴을 할 수는 있으나 누구든 그 이상 우주와 자연의 궁극을 터득하고 증거 하는 것은 인간의 능력으로서는 불가사의한 영역이다. 그래서 그런 득도의 길은 추구하지 않는 것이 옳다. 우주와 자연에 대한 학문을 탐구하고 지식과 지혜를 터득하고 배우는 것과는 구분되어야 한다. 자연의 한 존재로서 인연 따라 주어진 존재로서 유한한 시간 속에서 누려야 할 행복과 권리를 불가사의한 유혹에 빠져 낭비하는 일이기 때문이다.

2. 마음

사람은 마음이 있어 창의력을 발휘할 수 있다.
마음으로 바라보고 그 마음이 크게 동하여 성실하고 절실하고 간절할수록 창조적인 일의 완성도가 크고, 감동의 깊이가 달라진다.
거기에 정성과 사랑과 기도의 비밀이 숨어 있다.

우리가 속해 있는 세상과 우주에는 마음이 있고 그 마음이 바라보고 있기 때문이다. 그 마음의 실체와 작용은 우리 인간이 도저히 헤아릴 수 없는 불가영역이지만 그 마음은 살아 있는 동안 한순간도 우리와 끊어져 있지 않고 온 우주의 실체와 살아 있는 생명과 공진하고 있다.

아쉬운 것들

하늘을 바라본다.

파랗다. 노란 하늘, 빨간 하늘, 보랏빛 하늘은 없나?

노란 구름, 핑크빛 구름, 녹색 구름은 없나?

얼굴을 본다.

왜 앞에만 눈이 두 개?

뒷머리에도 눈이 있으면 살아남기 쉬웠을 텐데….

대화를 한다.

왜 입으로 소리 내고 귀로 들어야만 하지?

TV처럼 멀리서도 소통할 수 있는 텔레파시 송수신 기능은 없나?

똥오줌을 싼다.

세상에 생명체용 완전 먹거리는 왜 없지?

에너지만 흡수하고 찌꺼기 안 남는 완전 먹거리는 왜 준비되어 있지 않지?

천상천하유아독존(天上天下唯我獨尊)

왜 백업 존재를 마련하지 않았지?

내가 다치거나 죽게 되면 대체 존재가 있어야지 왜 이걸 창조하지 못했지?

인간은 보조키도 준비하는데 신은 인간만도 못하게 생각이 짧나?

두려운 죽음과 고통

죽음에 이르는 과정에 행복감이 들게 하면 안 되었나?

천적과 사고로부터 죽음을 끝까지 피하게 하기 위한 본능 부여는 이해하지만 천수를 다해 갈 때가 되면 알람을 주고 편하게 갈 수 있는 생체 스위치는 왜 없지?

하긴 없어질 육체만 잠시 고통스럽지 죽음을 떠난 영혼은 황홀한 하얀빛의 터널을 통해 사후의 세계로 인도되어 간다더라….

우주 만물과 생명체의 진화도 창조도 진행 중이라 언젠가 이러한 아쉬움들도 완성될까?

저 우주 너머 어디인가는 지금 이 아쉬움을 넘어 상상을 초월한 진화된 존재들이 있을지도 모르지만. 언제나 만나려나….

인공 새

날개를 붙이고 눈도 붙이고 새를 하나 만들었다.
물론 날개를 잘 움직일 동력 장치도 있고 AI 두뇌 칩도 머리에 넣었다.
인공 새를 동물원 가금류 새장에 집어넣었다.
그리고 명령했다.
살아 있는 새들과 함께 지내며 새들이 하는 행동 시시각각 파악하고
나는 모습 잘 학습해 똑같이 따라 하고 날라고….
잘 날게 되면 신호 보내라고 했다.
며칠 뒤 신호가 왔다. 새장에 가 봤다.
수컷과 싸우고 있었다.
암컷을 따라 날아다니다 짝짓기까지 시도를 했나 보다.
이걸 어떡하나! 무서운 인공 새….

나는 하나의 현상이다

불멸의 원자들이 모여들어 분자를 만들고 생명체 단백질을 만들고
인간 세포 DNA를 합성해 나를 특정한 육체로 만들었다.
이것은 분명 자연의 한 현상이다.
불멸의 원자들이 모여 분자를 만들고 단백질을 만들고
두뇌 세포 DNA를 합성해 나를 특정한 자아의식을 갖게 만들었다.
이것 또한 자연의 한 현상이다.
내가 죽으면 육체는 분해되고 뇌의 자아의식은 사라지고
불멸의 원자들은 다시 우주로 흩어진다.
끓는 주전자 주둥이 수증기처럼, 하늘의 떠가는 구름처럼
그렇게 잠깐 존재하다 흩어지는 하나의 현상인 것이다.
그런데 불멸의 원자는 왜 그런 현상을 만들고 넘나들까?
무슨 일을 하고 다닐까? 언제까지 무엇 때문에?
이런 질문은 하나의 현상이 감히 불멸의 원자에게 할 것은 아니겠지만….
그래 난 잠깐 있다 사라질 현상이다.
불멸도 아닌데 이유를 알아서 뭐 하겠나?
불멸도 아닌데 깨달아서 뭐 하겠나?
앎도 깨달음도 모두 현상과 함께 지워질 텐데….

하나의 소망은 이 현상도 신의 사랑이기를 바란다.

봄꽃이 온 우주에 피어나다

海野 김미경(문학박사·시인)

영춘(榮春)! 그의 이름 자체가 봄이다. 으쨜거나 또, 봄이다. 유달산에서 태어난 그의 영혼의 울림이 나를 울렸는지 목포 바닷가에서 그의 시를 읽게 된다. 새벽이슬이 봄기운을 더욱 완연하게 해 주는 오늘이 눈부시다.

이런 눈부신 봄날에 그가 시집을 낸다. 첫 번째 시집을 냈을 때 꽃단장하고 그의 시집 출간의 축하 자리에 들어가던 일이 아직도 생생한데 벌써 30년이 지난 일이란다. 참, 세월이 야속도 하다. 발명가로 위세 당당하던 정영춘 발명가를 만난 것은 내가 방송 작가 시절에 EBS 과학 프로그램 〈TV 발명교실〉과 〈나도 발명가〉를 집필할 때이다. 마포 SN Tech 연구실에서 그를 봤을 때의 첫 인상은 매우 스마트했다. 이 세상을 과학 기술로 꽃처럼 아름답게 만들겠다는 그의 포부는 온몸에서 자신감으로 뿜뿜 뿜어져 나왔다.

그런 그가 시집을 출간한다고 초대했을 때는 조금 당황했던 기억이 난다. 발명 과학자가 시를 쓰고 시인으로 데뷔한다는 것이 그때만 해도 무척 생소한 일이었다. 그러나 그의 발걸음은 계속 앞을 향해 거침없이 걸어 나갔고, 천재적인 발명 과학자답게 도전을 멈추지 않았다.

이번 시집은 마치 삶을 통달한 철학자처럼 깊은 사색이 곳곳에서 묻어 나온다. 그의 시 〈사람같이 살다 가라 하네〉는 마치 도가에서 말하는 무위자연(無爲自然)의 이치를 섭렵하며 우주의 이치를 바로 곁에서 소요유(逍遙遊)하고 있는 듯하다.

'자연은 나에게/물같이 살라고도 아니하고/바람같이 살라고도 아니하고/나무같이 살라고도 아니하고/사람같이 살다 가라 하네.'

또, 그는 불가에서 말하는 색즉공(色卽空) 공즉색(空卽色)의 심오한 이치를 깨달아 마치 스님이 돈오돈수(頓悟頓修)한 것처럼 〈과거-오늘-내일〉이라는 시로 인생을 간단하지만 명료하게 정리한다.

'과거는 공(空)/오늘은 색(色)/내일은 인연(因緣)이라네.'

물론, 그의 삶에 대한 깊은 성찰은 지구를 넘어 광활한 우주에 다다른다. 그의 시 〈우주〉는 그가 얼마나 담대한 시인인지 아낌없이 보여주는 좋은 예이다.

'생성 소멸의 얽힘이 우주라/생사 우주일체/영원한 인연의 파도를 타네.//이승에서의 사후/생사 우주일체/영겁의 시공은 찰나가 되네.//이승과 저승/생사 우주일체/영원한 인연의 파도를 타네.//우주의 환희 다시 여기 있네.'

비난, 정영춘 시인은 시인으로서만 시를 쓰는 것이 아니라는 것을 〈우주〉라는 작품에서 여실히 보여 주고 있다. 시간과 공간을 넘나들며 아름다운 환희의 봄꽃을 그는 지구뿐 아니라 온 우주에 퍼트리고 싶어 하는 진정한 발명 과학자-시인이다.

생텍쥐페리의 《어린 왕자》에 나오는 꽃과 어린 왕자처럼 그는 멋들어진 사랑을 꿈꾸며 나이와 죽음을 넘어서는 싱싱한 봄꽃들을 온 우주에 만발하게 하는 AI 시대에 걸맞는 발명 과학자-시인임이 틀림없다.

그는 그의 이름 영춘(榮春)처럼 봄꽃을 온 우주에 피어나게 하는 신비한 능력을 가진 천재적인 발명 과학자이자 아름다운 시인이다.

부디, 그가 꿈꾸는 시공을 넘는 환희의 기쁨이 이번 시집을 통해 온누리 사람들에게 봄꽃처럼 눈부시게 피어나길 바랄 뿐이다.

으짤거나, 또, 봄이다.

* 해야(海野) 김미경: 고려대학교 문학 박사, 시인, 방송 작가, 원광대학교 대학원 문화 콘텐츠 전공 교수 역임